Hiltrud Pitz-Thissen

Window-Color
für jede Jahreszeit

ENGLISCH
VERLAG

Dieses Buch widme ich Herbert und Freddy. Für ihre Hilfe danke ich Susanne und Paul.

Die Deutsche Bibliothek – CIP-Einheitsaufnahme
Window-Color für jede Jahreszeit / Hiltrud Pitz-Thissen. – Wiesbaden: Englisch, 1999
ISBN 3-8241-0943-3

© by Englisch Verlag GmbH, Wiesbaden 1999
ISBN 3-8241-0943-3
Alle Rechte vorbehalten. Nachdruck, auch auszugsweise, verboten.
Fotos: Frank Schuppelius
Herstellung: Michael Feuerer
Printed in Spain

Inhaltsverzeichnis

Vorwort

Mit Window-Color, der Glasmalfarbe, die nach dem Trocknen zur Folie wird und die man auf alle glatten Flächen kleben kann, lassen sich Motive malen, die Sie durch ein ganzes Jahr hindurch begleiten. Schmücken Sie Ihre Fenster im Frühling, zu Karneval und Ostern mit passenden Motiven, dekorieren Sie im Sommer Fensterscheiben mit Ferienmotiven, im Herbst mit einem Kürbiskorb und im Winter mit stimmungsvollen Winter- und Weihnachtsbildern.

Natürlich finden sich auch viele Motive, die Sie das ganze Jahr als Fensterdekoration verwenden können, wie den „Pfau", die „Obstschale" oder Blumenmotive. Auch können viele Bilder variiert oder miteinander kombiniert werden. So können z.B. beim „Hühnerhof" die Eier bunt bemalt werden und schon haben Sie ein hübsches Ostermotiv.

Viel Spaß beim Nacharbeiten der Motive wünscht Ihnen *Hiltrud Pitz-Thissen*

Material und Werkzeug

Zum Malen der vorgestellten Motive benötigen Sie folgendes Material und Werkzeug:

◆ Window-Color-Farbe
◆ Window-Color-Konturenfarbe
◆ Window-Color-Relieffarbe
◆ Malspitzen zum Aufschrauben auf die Flaschen
◆ Holzstäbchen, z. B. Zahnstocher oder Schaschlikspieße
◆ Wattestäbchen
◆ Küchenkrepp oder alte Lappen zum Säubern der Malflaschen und Holzspieße
◆ Prospekthüllen aus Polyäthylen oder Spezialfolie für Window-Color
◆ Cutter oder feine Schere
◆ Klebstoff (z. B. Heißklebepistole)
◆ wasserfester Filzstift in Schwarz
◆ evtl. Adhäsionsfolie oder feste Folie

Window-Color ist eine Acrylfarbe auf Wasserbasis. Die Farben sind beim Auftrag milchig und erhalten ihre Transparenz erst nach dem Trocknen. Nachdem die Farbe getrocknet ist, lässt sich das Bild von der Folie abheben und auf eine glatte Fläche drücken, das Bild haftet dort von selbst. Durch die Elastizität von Window-Color können auch gewölbte Flächen dekoriert werden. Window-Color gibt es in vielen verschiedenen Farben von unterschiedlichen Herstellern. Alle Farben sind miteinander mischbar, jedoch sollten die Farben unterschiedlicher Hersteller nicht miteinander gemischt werden. Wenn Sie Prospekthüllen verwenden, achten Sie darauf, dass Sie ausschließlich Folien aus Polyäthylen verwenden. Von anderen Folien, z. B. PVC, lässt sich die Malerei nicht rückstandslos abziehen.

Grundanleitung

Konturen

Legen Sie Ihre Malvorlage unter eine Folie oder schieben Sie sie in eine Prospekthülle. Schrauben Sie für feine Konturen eine Mal-

spitze auf. Für die Motive in diesem Buch habe ich meistens eine Malspitze mit einem Durchmesser von 0,9 mm verwendet. Die Flaschenspitze wird, falls notwendig, mit einer Nadel aufgestoßen.

Die Konturenfarbe wird direkt aus der Malflasche auf die Folie aufgetragen. Zum Malen wird die Konturenflasche senkrecht mit der Spitze nach unten gehalten und einige Millimeter des Pastenstrangs vorsichtig aus der Flasche herausgedrückt. Stellen Sie damit den Kontakt zur Folienoberfläche und dem untergelegten Motiv her. Malen Sie nun unter gleichmäßigem Druck, indem Sie die Flasche ca. 2 cm über die Folie halten und die Linien

nachziehen. Ziehen Sie die Linie nicht zu schnell, sodass der Pastenstrang nicht reißt, und üben Sie immer gleichmäßigen Druck auf die Flasche aus. Die gemalte Kontur sollte nicht breiter als die Linie der Vorlage sein.

Nach Beenden einer Linie schlagen Sie die Flasche ruckartig mit der Spitze nach unten, um die vermalte Farbe wieder aufzufüllen. Malen Sie nie mit einer fast leeren Flasche, sondern füllen Sie immer wieder Farbe nach. Achten Sie sorgfältig darauf, dass Sie keine Lücken in den Konturenlinien haben, sonst könnte das Bild beim Abziehen gegebenenfalls einreißen.

Wenn Sie sich vermalt haben, können Sie die noch feuchte Konturenfarbe und auch die Window-Color-Farbe mit einem Wattestäbchen korrigieren oder wegwischen. Sollten Sie vergessen haben, die feuchte Farbe zu korrigieren, können Sie später am getrockneten Bild mit einer Schere oder einem Cutter die Fehlstellen abschneiden. Wenn Sie die Malvorlage aus der Hülle nehmen und die Folie gegen das Licht halten, lässt sich überprüfen, ob Sie alle Konturen gemalt und geschlossen haben. Wenn die Konturen getrocknet sind (beachten Sie bitte die jeweiligen Herstellerangaben), können die Felder ausgemalt werden.

Feine Linien können nach dem Trocknen der Window-Color-Farbe mit einem dünnen Filzstift auf das Bild gemalt werden.

Ausmalen

Wenn Sie eine Prospekthülle verwendet haben, nehmen Sie vor dem Ausmalen Ihre Malvorlage aus der Hülle. Die Farbe wird direkt mit der Flaschenspitze aufgetragen und in dem jeweiligen Feld verteilt. Bei besonders kleinen Feldern sollten Sie eine Malspitze verwenden. Die Farbe sollte so dick wie die Konturen aufgetragen werden, um ein späteres Reißen des Bildes zu vermeiden. Damit die Kontur und die Farbe sich verbinden, verwendet man einen Holzspieß, mit dem die Farbe bis an die Konturenlinie gebracht und gleichmäßig verteilt wird. Die „Laufrichtung" des Spießes wird nach dem Trocknen sichtbar. So können Sie auch Strukturen in der Malerei erzeugen, z. B. durch kreisende Bewegungen.

Nehmen Sie unmittelbar nach jedem ausgemalten Feld Ihr Bild auf und halten Sie es gegen das Licht, um die Stellen zu erkennen, die vergessen wurden. Bei einem flach auf dem Tisch liegenden Bild sind nicht immer alle Lücken zu sehen. Wenn die Farbe nicht ganz bis an die Kontur heranreicht, kann das Bild nach dem Trocknen an dieser Stelle reißen. Schließen Sie die Lücken sofort, denn bereits nach einigen Minuten bildet die Farbe ein „Trockenhäutchen" und jeder erneute, spätere Farbauftrag ist genau zu sehen. Eventuell auftretende Luftblasen können Sie mit einem Holzspieß zerstechen. Die Trockenzeit

richtet sich nach der Raumfeuchtigkeit, nach der Dicke des Farbauftrags und nach der Farbe. Bitte beachten Sie hierzu die jeweiligen Herstellerangaben auf den Farbflaschen.

Mischen von Farben und Spezialeffekte

Das Mischen der Farben erfolgt direkt in dem zu bemalenden Feld. Geben Sie die erforderlichen Farbmengen in die Mitte des Feldes und verrühren Sie sie mit der Flaschenspitze. Wenn Sie Übergänge von einer Farbe zur anderen erzielen wollen, malen Sie zuerst die gewünschten Farben nebeneinander, bis sie sich berühren, und ziehen sie dann mit einem Holzspieß ineinander. Zum Malen von Farbschattierungen füllen Sie zunächst das gesamte Feld mit einer Grundfarbe aus. Dann setzen Sie Streifen oder Punkte mit der zweiten Farbe in die noch feuchte Grundfarbe und vermischen die Farben so lange, bis ein weicher Übergangsfarbton entstanden ist. In die noch feuchte Window-Color-Farbe oder in die Konturenfarbe können Sie Metallicglitter, das in Streufläschchen erhältlich ist, streuen. Nach dem Trocknen der Farbe wird der überschüssige Glitter mit einem feinen Pinsel entfernt. Die feuchte Farbe hat eine Klebewirkung, sodass Sie auch kleinere Glitzersteine, Metallicsternchen, Perlen oder Strass einlegen können.

Ebenso können diese Materialien auch auf die getrocknete Farbe geklebt werden. Spritzen Sie außerhalb Ihres Bildes die Farbe Kristallklar auf die Folie. Nun wird mit der Spitze eines Holzspießes etwas Kristallklar auf die gewünschte Stelle auf dem Bild getupft. Nehmen Sie anschließend mit der Spitze des Spießes z. B. einen Metallicstern auf und kleben Sie ihn auf das Bild. Auf die gleiche Weise können auch Farben aufgetragen werden und feine Muster, wie z. B. Pünktchen oder Linien, erzielt werden.

Verwendet werden bei den folgenden Vor-

schlägen auch die sogenannten Relieffarben. Es gibt sie in verschiedenen Farben, teilweise opak, also lichtundurchlässig, teilweise mit Perlmuttpigmenten, teilweise mit Metallic-Flitter. Alle Relieffarben lassen sich als Kontur verwenden; darüber hinaus können diese Farben auch zum flächigen Ausmalen verwendet werden. Dazu sollten zwei Teile Window-Color Kristallklar oder eine andere entsprechend farblich passende Farbe mit einem Teil der Konturenpaste vermischt werden.

Übertragen auf Glas oder andere Gegenstände

Nach dem Trocknen lässt sich die Malerei von der Folie abheben und auf einer glatten Fläche andrücken. Wenn Sie Ihre Fenster dekoriert haben, lassen Sie das Bild beim Putzen auf der Scheibe; ein kurzzeitiges Einwirken von Wasser schadet Ihrer Malerei nicht. Bei extremer Hitze oder Kälte kann das Bild beim Anbringen oder Ablösen reißen. Window-Color-Bilder verlieren mit zunehmender Durchtrocknung an Elastizität und können leicht brechen, zudem kann die Klebewirkung verloren gehen. Diese kann durch punktuelles Auftragen der Farbe Kristallklar auf der Rückseite des Bildes wieder aktiviert werden und gerissene Stellen können so geflickt werden. Window-Color-Farbe ist nicht frostfest und bei Dekorationen mit Sonneneinstrahlung können die Rottöne mit der Zeit verblassen.

Wenn Sie wollen, können Sie Ihr Motiv auf eine farblose, transparente Fensterfolie (Adhäsionsfolie) malen. Heben Sie hierfür die Folie von dem Trägerkarton ab und legen Sie die Vorlage darauf. Nun wird die Folie darüber gelegt und mit der Hand von innen nach außen glatt gestrichen. Anschließend können Sie Ihr Motiv malen. Von dieser Folie ist das Bild nicht abziehbar. Leerfelder müssen hierbei nicht mit der Farbe Kristallklar ausgefüllt werden. Nach dem Trocknen der Farben schneiden Sie die Folie um das Bild herum, exakt an der Kontur, ab. Die Folie kann dann, nach dem Anfeuchten mit Wasser auf der Rückseite, beliebig oft aufgeklebt werden und ist durch diese Verstärkung wesentlich länger haltbar.

Im Fachhandel erhältlich ist die sogenannte feste Folie, von der die Malerei ebenfalls nicht mehr abziehbar ist (siehe Beispiel „Obstschale"). Nach dem Malen wird das Motiv ausgeschnitten und, mit einem farblosen Faden versehen, lässt es sich als Raumobjekt überall aufhängen, z. B. als Geschenkanhänger oder Christbaumschmuck.

Tipps

✦ Zur Vermeidung von Luftblasen in den Flaschen sollten alle Farben auf dem Kopf stehend aufbewahrt werden. Gerade beim Abfüllen der Farben in die Malflaschen entstehen zahlreiche Bläschen. Wenn in einer Flasche besonders viele Luftblasen sind, setzen Sie zum Malen eine Malspitze auf; je kleiner die Austrittsöffnung ist, desto feiner sind die Blasen.

✦ Während des Malens sollten die Window-Color-Flaschen liegen, sodass sich keine Bläschen bilden können.

✦ Reinigen Sie die Flaschenspitze und die Malspitze nach jedem Farbauftrag, bevor Sie die Flasche schließen, mit Küchenkrepp. Nach dem Malen sollten Sie in jede Mal-

spitze eine genau in die Spitze passende Stecknadel stecken, sodass die Öffnung nicht verstopfen kann.

✦ Holzspieße können immer wieder mit einem scharfen Messer angespitzt werden. Legen Sie die Bilder nicht auf Papier; sie kleben daran fest. Die Bilder sollten immer zwischen zwei Folien transportiert und aufbewahrt werden.

✦ Wenn Sie sich beim Malen mit Farbe beschmutzt haben, sollten Sie Ihre Wäsche sofort mit Schmierseife auswaschen. Trockene Farbe ist aus Stoffen nicht mehr zu entfernen.

✦ Nach dem Trocknen der Bilder können Sie erneut Farbe (z. B. Konturenfarbe) aufsetzen, so können Sie farbige Akzente setzen, ohne dass die Farben ineinander laufen.

✦ Feine Linien (z. B. das Gefieder der Ente) werden nach dem Trocknen mit einem wasserfesten, feinen Filzstift aufgemalt.

Der Frühling kommt

1. Karnevalsmasken

Material

- Konturenfarbe in Schwarz
- Window-Color in Weiß, Hellblau, Königsblau, Gold, Perlweiß, Schwarz, Silber, Grün und Eis
- Relieffarben in Goldflitter, Hellblau und Silberflitter
- schwarzer Filzstift

Anleitung

Legen Sie die Vorlage unter eine Folie und beginnen Sie, wie in der Grundanleitung beschrieben, die Konturen nachzuzeichnen. Malen Sie danach die Flächen gemäß der Abbildung aus. Nachdem die Farben getrocknet sind, werden mit den Relieffarben Linien, Punkte und die Wimpern aufgetragen. Zuletzt wird das Muster auf der goldfarbenen Maske mit Filzstift aufgezeichnet.

2. Stiefmütterchenkorb

Material

- ◆ Konturenfarbe in Schwarz
- ◆ Window-Color in Kristallklar, Rosa, Gelb, Grün, Olivgrün, Braun, Bernstein, Weiß, Rot und Lila
- ◆ schwarzer Filzstift

Anleitung

Zeichnen Sie zuerst die Konturen mit der Konturenfarbe nach, nachdem Sie die Vorlage unter eine Folie gelegt haben.

Nun werden die Flächen, wie in der oben stehenden Abbildung zu sehen, ausgemalt. Mischen Sie für den Korb etwas Braun und Bernstein, sodass ein hellerer Braunton entsteht. Die Farben werden immer in den Feldern gemischt, indem sie mit der Flaschenspitze verrührt werden. Zuletzt werden Details mit dem Filzstift ausgeführt.

3. Osterglocken

Material

✦ Konturenfarbe in Schwarz
✦ Window-Color in Kristall-
  klar, Weiß, Elfenbein,
  Gelb, Bernstein, Grün und
  Olivgrün

Anleitung

Legen Sie die Vorlage unter eine
Folie oder in eine Klarsichtfolie
und zeichnen Sie die Konturen
in Schwarz nach. Malen Sie
anschließend die Flächen der
Abbildung entsprechend aus.
Die Farben werden, wie in der
Grundanleitung beschrieben,
direkt in den jeweiligen Farbfeldern gemischt.
Nach dem Trocknen werden mit
Kristallklar kleine Punkte auf
den Hintergrund gesetzt, sodass
der Eindruck von dickem Glas
entsteht.

4. Tulpentopf

Material

- ✦ Konturenfarbe in Schwarz
- ✦ Window-Color in Kristallklar, Gelb, Bernstein, Rot, Hellgrün, Grün, Braun und Smaragdgrün

Anleitung

Zeichnen Sie zuerst die Konturen, indem Sie die Vorlage unter eine Folie legen und mit der Konturenfarbe nachziehen.

Nun werden die Flächen, wie in der oben stehenden Abbildung zu sehen, ausgemalt. Die Felder zwischen den Blüten und Stängeln werden mit Kristallklar ausgemalt, damit das Bild später beim Ablösen und Ankleben nicht reißen kann.

Zum Malen der Farbschattierungen füllen Sie zunächst das gesamte Feld mit einer Grundfarbe aus, setzen dann die zweite Farbe in die noch feuchte Grundfarbe und vermischen die Farben so lange, bis ein weicher Übergangsfarbton entstanden ist.

5. Osterhasen im Tulpenbeet

Material
- ✦ Konturenfarbe in Schwarz
- ✦ Window-Color in Kristallklar, Gelb, Rot, Orange, Braun, Grün, Hellblau und Königsblau

Anleitung

Legen Sie die Vorlage unter eine Folie und beginnen Sie die Konturen in Schwarz gemäß der Grundanleitung S. 6 nachzuzeichnen. Malen Sie danach die Flächen aus. Mischen Sie die Farben direkt in den Feldern, indem Sie sie in die Mitte des Feldes geben und dann mit der Flaschenspitze verrühren. Der Rahmen des Bildes wird in Hellblau ausgemalt, nach dem Trocknen der Farben tragen Sie in Form von Kringeln königsblaue Farbe unregelmäßig auf.

6. Auf dem Hühnerhof

Material
- ✦ Konturenfarbe in Schwarz
- ✦ Window-Color in Kristallklar, Weiß, Elfenbein, Gelb, Rot, Bernstein, Braun und Grün
- ✦ schwarzer Filzstift

Anleitung

Mit diesen Motiven können Sie einen ganzen Hühnerhof zusammenstellen. Wenn Sie die Eier im Korb bunt anmalen, haben Sie ein schönes Ostermotiv. Zeichnen Sie die Konturen auf und malen Sie sie, wie in der Abbildung zu sehen ist, aus. Zuletzt werden die Federn bei den Küken mit Filzstift eingezeichnet.

15

Sommermotive

7. Henne und Gänse

Material
- ✦ Konturenfarbe in Schwarz
- ✦ Window-Color in Kristallklar, Weiß, Rot, Gelb, Bernstein, Grau, Hell- und Dunkelgrün, Blau und Braun
- ✦ schwarzer Filzstift

Anleitung
Die Vorlage wird unter eine Folie gelegt oder in eine Klarsichtfolie geschoben und die Konturen nachgemalt. Nun können die Enten und die Henne gemäß der Abbildung ausgemalt werden. Mischen Sie die Farben immer direkt in den Farbfeldern. Zum Schluss werden mit Filzstift Details eingezeichnet.

8. Sonnenblumen im Korb

Material

- ✦ Konturenfarbe in Schwarz
- ✦ Window-Color in Kristallklar, Gelb, Bernstein, Hellbraun, Braun, Hellgrün, Blau, Elfenbein und Grün
- ✦ schwarzer Filzstift

Anleitung

Legen Sie die Vorlage unter eine Folie und beginnen Sie die Konturen nachzuzeichnen. Malen Sie danach die Flächen gemäß der Grundanleitung S. 6 aus. Die Felder zwischen den Blüten, Blättern und dem Korb werden mit Kristallklar ausgemalt, damit das Bild später beim Ablösen und Ankleben nicht reißen kann. Zuletzt werden mit schwarzem Filzstift die Details aufgemalt.

9. Schmetterling im Margeritenfeld

Material
- ✦ Konturenfarbe in Schwarz
- ✦ Window-Color in Kristallklar, Weiß, Gelb, Bernstein, Grün, Hellgrün, Schwarz, Orange, Gold, Smaragdgrün und Dunkelblau

Anleitung
Zeichnen Sie die Konturen gemäß der Grundanleitung mit Konturenfarbe und malen Sie dann die Flächen, wie in der Abbildung zu sehen, aus. Die Fläche zwischen den Blumen und dem Schmetterling wird mit Kristallklar ausgemalt, sodass das Bild beim Abnehmen von der Folie nicht reißen kann.

10. Sommermohn

Material

- Konturenfarbe in Schwarz
- Window-Color in Kristallklar, Weiß, Silber, Gelb, Orange, Rot, Rosa, Schwarz, Braun, Elfenbein, Blau, Gold und Grün
- schwarzer Filzstift

Anleitung

Die Vorlage wird unter eine Folie gelegt und die Konturen werden in Schwarz nachgezeichnet. Anschließend werden die Flächen gemäß der Abbildung ausgemalt. Die Farbe der Tischdecke wird aus Gelb und Orange gemischt, anschließend werden Punkte in Orange aufgesetzt und diese mit dem Holzspieß zu Kringeln verzogen. Zuletzt wird mit schwarzem Filzstift die Schrift auf das Buch gezeichnet.

11. Rosenteller

Material

- ✦ Konturenfarbe in Schwarz
- ✦ Window-Color in Kristallklar, Gelb, Bernstein, Grün, Hellgrün, Orange, Olivgrün und Gold

Anleitung

Legen Sie die Vorlage unter eine Folie und malen Sie die Konturen mit Konturenfarbe nach. Anschließend werden die Flächen gemäß der Abbildung ausgemalt. Mischen Sie die Farben direkt in den Feldern, indem Sie sie in die Mitte des Feldes geben und dann mit der Flaschenspitze verrühren.

12. Maritimes in Blauweiß

Material
+ Konturenfarbe in Schwarz
+ Window-Color in Weiß, Hellblau, Königsblau und Dunkelblau
+ Relieffarbe in Blau

Anleitung
Die Vorlage wird unter eine Folie gelegt und die Konturen werden mit schwarzer Konturenfarbe nachgezeichnet. Malen Sie danach die Flächen gemäß der Abbildung aus.

Mischen Sie die Farben direkt in den Feldern, indem Sie die erforderlichen Farbmengen in die Mitte des Feldes geben und dann mit der Flaschenspitze verrühren.

Streuen Sie den Flitter auf die Farbflächen, solange die Farbe noch feucht ist. Zuletzt werden mit blauer Relieffarbe Akzente gesetzt.

Herbstzeit

13. Herbstastern

Material

- ✦ Konturenfarbe in Schwarz
- ✦ Window-Color in Weiß, Gelb, Grün, Bernstein, Dunkelblau, Lila, Olivgrün, Braun und Gold
- ✦ schwarzer Filzstift

Anleitung

Zeichnen Sie die Konturen mit der schwarzen Konturenfarbe nach. Nun werden die Flächen, wie in der unten stehenden Abbildung zu sehen, ausgemalt. Die Farben werden direkt in den Feldern gemischt, indem sie in die Mitte des Feldes gegeben und dann mit der Flaschenspitze verrührt werden. Zuletzt werden Details mit dem Filzstift ausgeführt.

14. Kürbiskorb

Material

✦ Konturenfarbe in Schwarz
✦ Window-Color in Kristallklar, Gelb, Orange, Rot, Dunkelrot, Braun, Grün, Hellgrün, Smaragdgrün und Grau
✦ feiner Sand

Anleitung

Legen Sie Ihre Vorlage unter eine Folie oder schieben Sie sie in eine Klarsichthülle. Malen Sie zuerst alle Konturen in Schwarz.

Malen Sie anschließend die Farbflächen gemäß der Abbildung aus. Streuen Sie zuletzt etwas feinen Sand in die noch feuchte Farbe der Kürbisse.

15. Obstschale

Material

- ✦ Konturenfarbe in Schwarz
- ✦ Window-Color in Kristallklar, Gelb, Orange, Rot, Dunkelrot, Lila, Grün, Smaragdgrün, Silber, irisierendes Blau und Bernstein
- ✦ feste Folie

Anleitung

Diese Obstschale wurde auf feste Folie gemalt, sodass sie als Fensterbild aufgehängt werden kann. Legen Sie die Vorlage unter die Folie und beginnen Sie die Konturen in Schwarz nachzuzeichnen. Grundieren Sie den Hintergrund mit Kristallklar und setzen Sie nach dem Trocknen mit Kristallklar Punkte auf die Fläche. Nachdem die Farbe getrocknet ist, wird die Folie exakt an der äußeren Konturenlinie abgeschnitten.

16. Pfau

Material

✦ Konturenfarbe in Schwarz und Weiß
✦ Window-Color in Kristallklar, Weiß, Bernstein, Braun, Perlweiß, Gelb, Lila deckend, Schwarz, Smaragdgrün und Hellgrün
✦ Relieffarbe in Violett und Gold
✦ schwarzer Filzstift

Anleitung

Zeichnen Sie zuerst die Konturen mit der Konturenfarbe nach. Nun werden die Flächen, wie in der Abbildung zu sehen, ausgemalt. Grundieren Sie den Himmel mit Kristallklar und ziehen Sie weiße Wolken hinein. Nach dem Trocknen setzen Sie mit Kristallklar Punkte auf. Achten Sie dabei darauf, dass die Punkte nicht ineinander fließen. Zuletzt werden mit Relieffarbe und Filzstift die Details aufgemalt.

17. Herbstbild

Material

- ✦ Konturenfarbe in Schwarz
- ✦ Window-Color in Kristallklar, Weiß, Gelb, Rosa, Orange, Rot, Hellblau, Königsblau, Oliv- und Smaragdgrün sowie Hellgrün

Anleitung

Legen Sie die Vorlage unter eine Folie und beginnen Sie die Konturen in Schwarz nachzuzeichnen. Malen Sie danach die Flächen gemäß der Grundanleitung aus.

Die Farben werden direkt in den Feldern gemischt, indem sie in die Mitte des Feldes gegeben und dann mit der Flaschenspitze verrührt werden.

Winter und Weihnachten

18. Futterhäuschen

Material

✦ Konturenfarbe in Schwarz
✦ Window-Color in Weiß, Grün, Braun, Rot, Schwarz, Bernstein und Grau
✦ schwarzer Filzstift

Anleitung

Die Vorlage wird unter eine Folie gelegt und die Konturen mit schwarzer Konturenfarbe nachgemalt. Anschließend werden die Farbflächen, wie in der Abbildung zu sehen ist, ausgemalt.

Die Schatten im Schnee erhalten Sie, indem Sie etwas Grau auf die weiße Farbfläche geben und die beiden Farben mit einem Holzspieß ineinander mischen. Zuletzt wird mit schwarzem Filzstift die Holzmaserung am Futterhäuschen aufgemalt.

19. Winterlandschaft

Material

- ✦ Konturenfarbe in Schwarz
- ✦ Window-Color in Weiß, Smaragdgrün, Braun, Schwarz, Bernstein und Grau

Anleitung

Diese Winterlandschaft besteht aus 5 Motiven, die sich nach Belieben zusammensetzen lassen.

Legen Sie die Vorlage unter die Folie und beginnen Sie die Konturen nachzuzeichnen. Malen Sie danach die Flächen gemäß der Grundanleitung S. 6 aus. Damit der Schnee plastischer erscheint, geben Sie einige Tropfen Grau in die weiße Farbe und vermischen diese sorgfältig. Nach dem Trocknen der Farben werden mit Weiß bei dem Rehkitz Punkte aufgetupft.

20. Schneemann

Material

♦ Konturenfarbe in Schwarz
♦ Window-Color in Weiß, Gelb, Orange, Rot, Grün, Smaragdgrün, Perlweiß, Blau, Bernstein, Schwarz und Braun

Anleitung

Zeichnen Sie zuerst die Konturen mit schwarzer Konturenfarbe. Nun werden die Flächen, wie in der Abbildung zu sehen, ausgemalt. Nachdem die Farbe getrocknet ist, werden die Strukturen auf dem Besen und Korb mit Braun und Schwarz aufgemalt und zuletzt die Punkte mit Weiß auf den Schal getupft.

21. Eichhörnchen mit Zapfen

Material

- ✦ Konturenfarbe in Schwarz
- ✦ Window-Color in Kristallklar, Weiß, Smaragdgrün, Rot, Dunkelrot, Olivgrün, Bernstein, Braun und Hautfarben
- ✦ Filzstift in Schwarz

Anleitung

Zeichnen Sie zuerst die Konturen des Eichhörnchens und des Zweigs, nachdem Sie die Vorlage unter eine Folie gelegt haben. Nun werden die Felder der Abbildung entsprechend ausgemalt. Das Mischen der Farben erfolgt direkt in dem zu bemalenden Feld. Malen Sie zuletzt die Details mit Filzstift auf.

22. Weihnachtsstern

Material

- ✦ Konturenfarbe in Schwarz
- ✦ Window-Color in Kristall-
  klar, Rot, Dunkelrot, Gold,
  Grün, Smaragdgrün und
  Braun
- ✦ Relieffarbe in Gold
- ✦ Filzstift in Schwarz

Anleitung

Legen Sie die Vorlage unter
eine Folie und beginnen Sie
die Konturen in Schwarz nachzuzeichnen.

Anschließend malen Sie die
Farbflächen, wie in der Abbil-
dung zu sehen ist, aus. Füllen
Sie die Flächen zwischen Stän-
geln und Blättern mit der
Farbe Kristallklar, sodass das
Bild nach dem Trocknen beim
Abnehmen nicht reißt. Zuletzt
werden mit Filzstift die Blatt-
adern aufgezeichnet.